Ahmadou Sarr

L'automne nègre Ou Le hara-kiri des peuples noirs d’Afrique

Ahmadou Sarr

L'automne nègre Ou Le hara-kiri des peuples noirs d'Afrique

Éditions Muse

Imprint
Any brand names and product names mentioned in this book are subject to trademark, brand or patent protection and are trademarks or registered trademarks of their respective holders. The use of brand names, product names, common names, trade names, product descriptions etc. even without a particular marking in this work is in no way to be construed to mean that such names may be regarded as unrestricted in respect of trademark and brand protection legislation and could thus be used by anyone.

Cover image: www.ingimage.com

Publisher:
Éditions Muse
is a trademark of
Dodo Books Indian Ocean Ltd. and OmniScriptum S.R.L publishing group

120 High Road, East Finchley, London, N2 9ED, United Kingdom
Str. Armeneasca 28/1, office 1, Chisinau MD-2012, Republic of Moldova, Europe
Printed at: see last page
ISBN: 978-620-4-97105-6

Ché

L'automne nègre

Ou

le hara-kiri des peuples noirs

d'Afrique

A mon oncle ***Ngor Ndiaye de Diolofira***

Pour cet enthousiasme que nous partagions ;aux brefs instants de la vie.

Note de l'auteur

L'hyène vivait tranquille au sein de sa communauté de charognards insatiables. Un jour ;rentrant bredouille d'une grande patrouille ;elle voulut tromper sa faim et celle de ses alliées ,ne serait-ce que pour un bref et tragique instant de désarroi. Là-dessus ;elle leur annonça :

Oh chers parents et semblables ! Il y a un zébu ;en état de putréfaction à l'entrée du village. Vue sa taille ;je n'ai pu la mener jusqu'à vous. Subitement ;toute la meute se rua vers le lieu indiqué ;la laissant toute seule.

Et dans cet entracte ,l'hyène murmura dans le secret de son esprit : et si c'était vrai ?

L'automne nègre Ou

Le hara-kiri des peuples noirs

d'Afrique

Et les cache-misères sont tombés

Au moment où j'arpente le chantier pour écrire ce livre ;j'ai rencontré un vieil ami médecin avec lequel j'ai souvent eu des entretiens féconds à chaque fois que le temps nous le permettait ;quoique cela advenait rarement. Notre débat fut étonnamment passionnant car il semblait être un déroulement parfait de la thématique qui me préoccupait . Ainsi j'ai décidé de le partager . Non pas parce que je le juge important pour vous mais plutôt j'aimerais soumettre mes points de vue à la critique la plus plurielle et sévère. Car il m'a semblé rencontrer une opposition de taille . Parce que celui avec qui je conversais ,au-delà de sa posture d'intellectuel ,vit encore un ancrage culturel si solide qu'il lui est impossible d'adhérer aux valeurs universelles qui sont les fondamentaux de l'État de droit . Alors cela a semé en moi le doute et la peur pour ce que nous ;les noirs africains, pensons de l'État démocratique . Depuis je crains le pire quant à la bonne cohésion sociale si la citoyenneté n'est nullement épargnée par la guerre des ego .

Parlant de quelques souvenirs qui nous liaient ,de la disparition de quelques amis et parents ou proches ;nous terminions brusquement par un tour d'horizon sur l'actualité africaine. Nous échangeâmes sur cette Afrique en guerre ;aux coups d'état inachevés ;aux alternances démocratiques applaudies. Je lui décris un cocktail qui ; à mon avis, serait l'ébauche d'une rupture d'avec le passé . Et soudain ;il me parla tel que jamais il ne l'eût fait auparavant ;avec un air plus sérieux que d'habitude. Et ses mots creusèrent subitement un vide entre nous ;car ils soulevèrent un pan de négritude que nous partagions secrètement dans le lit de notre conscience juvénile. Je fus tout étonné que ce sentiment demeurait encore dans le fond de son ego telle une lie; après tant d'années d'études supérieures ,de parcours professionnels ; de voyages d'études à l'étranger et pour le comble ; après son retour de la Mecque : haut lieu de pèlerinage de l'islam .

Normal ;le coq si gros soit-il ;frémit toujours devant l'ombre de l'épervier.

Pour reprendre mot à mot les propos de mon cher ami ;les voici :

« Le mal est que nous avons permis aux étrangers arabes et occidentaux d'enjamber notre cache-misères. Ils sont allés trop loin .Et voilà que les gens de castes dirigent les nobles. Ils nous faudrait prendre du recul ! Mais est-ce possible avec cette mondialité qui éveille les peuples ?

Et après tout ;les croyances religieuses tout autant que les traditions des hommes sont elles des vérités ? »

Son discours ,marquée d'une certaine africanité, restait à l'entame ; sourd à l'appel des temps nouveaux. Il semblait hanté par le doute. Cependant ;une brèche de critiques s'ouvrait dans son allocution. Avait-il peur de perdre quelque chose ?

Les fondements de la croyance populaire sont ancrés dans l'homme. Ce n'est jamais aisé de s'en séparer ;car le populaire se méfie de la nouveauté . Lorsqu'il évoque les cache-misères ;il affichait instantanément un air sérieux. Mais qu'est-ce que le sérieux ;si ce n'est un masque que nous portons tous ?

En effet ;bien avant les constructions modernes ;les enclos des maisons étaient des palissades. Et tout curieusement, elles présentaient toutes des ouvertures servant d'entrée. Pour parer aux indiscrétions ;une seconde palissade dont la longueur avoisinait l'ouverture était érigée deux ou trois pas après le seuil d'entrée. Celle là barrait le béant et luttait en toute franchise contre le curieux ou l'œil indiscret . C'est d'ailleurs la position d'où les visiteurs lançaient leur mot de bonjour ;alertant du coup les membres présents dans la concession à sauver le peu d'intimité qu'ils jugeaient nécessaire car ils en étaient les ayant-droits. Dès lors , spontanément ,quelques coups d'œil étaient échangés ;un rangement furtif opéré et le mot de bienvenue lancé à l'étranger. Instant bref et tragique, celui du visiteur inopiné était une fin de recrée pour les enfants . Sauf si le nouvel hôte était parent ou proche et pouvait en conséquence partager la compagnie des enfants. Contrairement aux enfants d'aujourd'hui qui sont mêmes plus avertis que leurs parents ;ceux d'hier vivaient un monde aux fenêtres closes . Il fallait attendre la maturité pour parler ou être témoin de certaines choses .

Cette seconde palissade de protection qui offusquait l'espace ouvert sur l'enclos était appelée: cache-misères .

C'était plus qu'une franchise. Par delà ce cache-misères ;régnait l'intimité sociétale En symbolique ; son champ d'application s'élargissait derrière le barrage matériel. Même les mœurs en étaient empreintes.

Aujourd'hui ,notre hospitalité tant chantée par les étrangers ne nous a pas pour autant servi .La presse ;sous ses formes les plus diaboliques finit par nous dénuder. D'ailleurs au moment où nous échangions, une chronique de presse ameutait partiellement le Sénégal. Il était question d'un enterrement contesté d'un jeune homme ; issu de la caste des griots ;dans le cimetière réservé aux gens nobles . Parce que dans ce village du Sénégal ;il existe deux cimetières départageant comme toujours les gens nobles des personnes de castes. Ainsi ,la vie des castes outrepassait l'univers des vivants pour se perpétuer au-delà de la tombe .Le préfet couvrant la localité s'est déplacé à cet effet pour calmer les échauffourées ;mais sans pour autant légiférer par rapport aux fondamentaux de la République.

Quelques jours après ,le scoop a perdu de son lustre pour s'estomper tel un souffle dans la mémoire candide du peuple . Oui ;le peuple évite les questions sensibles. Telle la justification de mon cher ami.

Orgueil ou hypocrisie ?

Cependant ;contourner les obstacles ne fait que rallonger le parcours . Nous sommes condamnés à vivre ensemble. Pour combien de temps fuirons nous ce débat ?

Je commence à accorder du crédit aux propos taquins d'un illustre journaliste, vendeur de chroniques : « Le chien a mordu Jean ne fait pas le bon scoop. Mais : Jean a mordu le chien ;voilà la bonne information ».

Parce que dans nos pays; nous perdons du temps à baliverner pour des futilités. Et pourtant ;au creuset d'un État fort , c'est une question digne d'une plénière à l'hémicycle des intellectuels ou parlementaires. Mais la diligence avec laquelle les autorités ont étouffé l'affaire ;est juste une manifestation de leur incapacité à fédérer le peuple autour d'un idéal solide et convaincant. Préférant demeurer dans le moule du mutisme ;derrière un silence aux soupçons multiples ;le politique est presque pris au piège. Telle serait la raison. A cela s'ajoute un syncrétisme religieux qui ne peut rien arbitrer. Charité bien ordonnée commence par soi-même :voilà un premier tableau simpliste mais très hilarant de ce cafouillage qui rythme les soirées politiques du Sénégal . Le second tableau ;plus ignoble que le premier est l'exhumation de la dépouille d'un homosexuel suivie de son incinération ;par une foule de gens qui se jugent comme de bons et meilleurs musulmans et qui lui refusent la mise en terre.

Mais qu'en est-il du bon musulman ?

Est-ce le pécheur solitaire qui n'a jamais été pris en flagrant délit ?

Le drame qui se joue est presque inédit ;surtout lorsqu'il fait la une dans la presse. Notre société a dépassé le seuil de la violence qui jusqu'à présent était juste au stade d'invectives. Refuser à la poussière de retourner à la terre ! Quelle sarcasme !

Mais ;faut-il s'en inquiéter si les gouvernants excellent dans la confiscation du Droit ?

En effet ,les conflits politiques et sociaux qui sévissent dans les cités d'Afrique ;tournent autour de l'interprétation du Droit ;sous ses formes sociétales. Les constitutions adoptées après les indépendances sont muettes devant les cas pédagogiques qui les confrontent à la réalité coutumière. Le premier hic le plus alarmant vient de l'emprunt des langues étrangères comme langue officielle et de leurs nuances inconnues de la mentalité dialectique populaire. D'ailleurs un mot wolof assez courant au Sénégal : *bour* désigne l'ossature étatique. En toute fidélité d'esprit *bour signifie roi en wolof.* Voilà un exemple épatant de l'horizon diagnostique du langage ;qu'on ne doit pas négliger. Comme qui confondrait le public et le sacré. Confortant d'ailleurs cette perte des considérations coutumières ;je prendrais en cas pratique le grand chantier de feu Iba Der Thiam ;professeur titulaire de la chaire de l'Unesco ;qui a eu en charge la réécriture de l'histoire générale du Sénégal. C'était son dernier chantier . Les intellectuels ont apprécié son objectivité scientiste et l'en remercient encore. Mais ; ce livre a essuyé beaucoup de complaintes de la part de quelques héritiers de chefs religieux et coutumiers qui se sont sentis snobés par le trop peu d'espace accordé à leurs aïeux. Cela peut être compris car : l'oralité a sa mise en scène ;tandis que le format d'archivage qu'est le livre avec ses contraintes scientifiques ne conjugue pas avec la tradition orale qui s'ouvre très souvent sur l'épopée et son caractère émotionnel. Autrement :ceux qui inventent la légende populaire sont pris au piège de la réalité si bien que quelques fois ils seraient tentés de la prendre pour vrai ;en faveur de leur propre intérêt ;oubliant l'avoir créé de toutes pièces. La psychologie des peuples africains noirs établit un parallélisme de fonds avec cette triste illusion .Elle est en ballottage entre l'adhésion à une foi incarnée par des récits épiques et légendaires, d'une part et l'inclination des peuples à vouloir vivre dans un État de droit ;d'autre part. Dans cette bivalence ;les politiciens du continent africain sont ,de manière alternée ,les clowns et les clones d'un imaginaire populaire ;en mal de représentation citoyenne . Il faut être à un bout pour se reconnaître comme tel !

Cette problématique de désaccord n'est pas nouvelle. Elle entre en congruence avec les perspectives de la langue dans l'exercice dramatique de la traduction. Les contestataires de cette histoire réécrite se sont juste sentis trahis. C'est compréhensible ;car l'écriture diffère de l'oralité. Et les enquêteurs qui se sont penchés minutieusement sur des interviews et témoignages de personnes ressources ;pour mener à bien ce projet, ont eu la clairvoyance de ne pas verser dans l'abîme de la fiction ou de la téléréalité. Au fait ce projet de réécriture de l'histoire générale du Sénégal ;pourrait servir de toilettage de la nébuleuse mémoire de notre société ;parce qu'après les indépendances ;il fallait redynamiser le peuple. Dans ce sens ;beaucoup d'histoires héroïques apparurent ;pour requinquer sans doute le peuple de sa psychologie de défaite. Mais ; étonnamment l'histoire écrite des vainqueurs ne mentionnait pas tout ce qui se disait dans le folklore quotidien. Et il semblerait qu'on ait gobé avidement beaucoup de choses pour cette occasion. Il revient à l'État de le prendre au sérieux et d'en déduire une nouvelle démarche politique par quelques lois d'orientation. En cela les médias devront être saisis et orientés vers des programmes plus édifiants se basant sur des cahiers de charges plus soutenues. Parce que cette cacophonie de presse qui remplit l'espace et qui affiche tout un caléidoscope culturel ne joue fondamentalement pas le rôle d'éveil qui devrait lui revenir. Cette presse tient le peuple en liesse au lieu de l'informer sur des engagements plus constructifs . A voir de plus près ;les télévisions de l'Afrique de l'ouest ont gardé les images animées des premières cartes postales que les étrangers payaient comme des pièces de souvenir. Il est temps de s'affranchir de cette Afrique pleine de lumière et de soleil et qui se plait à importer ses modèles de développement. Au Sénégal ;le début des années 1980 fut une époque de renaissance des mouvements religieux. La jeunesse musulmane était partagée en confréries dont les plus dominantes étaient la tidiania et le mouridisme . Au moment où la jeunesse fervente catholique fréquentait les séminaires ;les juvénats ;le scoutisme et les cercles de vacances plus connus sous la désignation de cœurs vaillants et âmes vaillantes. Cette ferveur religieuse demeure toujours dans l'âme du peuple et pour preuve ;dans la langue majoritairement parlée ;on retrouve encore des mots arabes que l'on adopte aveuglément dans le quotidien. L'exemple le plus simple et non le moins important est la salutation adoptée par tous : 《As salamou alaykoum》 qui signifie en arabe :

《 que la paix soit avec vous ? 》

N'est-ce pas l'équivalent d'un bonjour ?

Certes ;oui ! sous un angle de piété : ce n'est point ce salut robotique qu'on se lance mutuellement, en se croisant ;et qui parfois est la parade de l'hospitalité ou de la fraternité.

Qui peut nier la présence de Dieu dans le quotidien de ce peuple ?

Ces années étaient une époque de haute guidée et très favorable aux hommes politiques sénégalais ;qui pouvaient jusqu'alors compter sur la confiance aveugle du peuple envers ses guides temporels .Avec l'avènement du suffrage universel dans le jeu démocratique ; depuis que le simple électeur a le devoir de voter par le secret de l'isoloir ;ceci est vu par le politique comme une brèche de trahison des consignes de vote émis par les chefs religieux et coutumiers ;gens bien chéries. Cette apparition des religieux ;comme un contrepoids politique n'est point nouvelle mais elle est dorénavant redoutée des politiques.

D'ailleurs ;juste à nos frontières ;au Mali voisin ;l'imam Dicko a fondamentalement influencé le sort des dirigeants. Il est parvenu ;perché sur l'estrade de sa mosquée ;à haranguer l'esprit des foules de différentes obédiences. Cela n'est pas sans précédant. Il a été vu bien avant par la posture du clergé au Congo. Véritables politiques ;les religieux qui ont bercé la jeunesse des peuples indépendants

d'Afrique ;commencent de plus en plus à le sevrer pour ce qui est de sa destinée terrestre . Toutefois, la religion ne répond pas à toutes les questions de vie . Il faudra dorénavant accepter les limites de notre croyance populaire et s'intéresser davantage aux destinées terrestres de notre cité. C'est un désavantage réel pour les politiciens d'Afrique noire et surtout francophone. Car le plus souvent ;ils ne sont porteurs d'aucun projet édifiant. La plupart du temps ;ils partagent avec le peuple un folklore quotidien dont l'ambiance rappelle l'euphorie d'une messe de miséricorde divine. Et généralement ; les subterfuges des politiques ;pour conserver le pouvoir affichent les turbulences d'un marigot et dévoilent leur déloyauté .

Chose encore gravissime ;pour la cohésion nationale ;il leur arrive de jouer sur des schémas tout à la fois inclusifs et séparateurs. Sur cela ; il faut juste visiter les campagnes électorales en Afrique de l'ouest. Avec la kyrielle des ethnies ;tel candidat baoulé de la côte d'Ivoire arrivé dans la localité où domine son ethnie ;ne jugera point utile de présenter son programme mais clamera tout haut qu'il est parmi les siens .

Un autre alpular* arrivé à Agname* un village au nord du Sénégal fera de même. De fait la politique n'est plus une promesse de réponses à des urgences mais plutôt la fierté bien aiguisée d'une appartenance ethnique ou cantonale. Voilà une esquisse des désunions qui plombent la fécondité des nations africaines .Et de bout en bout le schéma classique de distribution de l'électorat par les politiques suit conséquemment un émiettement du territoire. Chose grave et inconsidérée ;on émiette l'électorat de souche et paradoxalement la forte population guinéenne venue de Conakry pour faire fortune au Sénégal, est régulièrement enrôlée dans l'état civil lors des audiences foraines préélectorales. A qui cela profite t-il ?

Au panafricanisme ;dira-t-on !

Au Sénégal particulièrement ;un autre paramètre non négligeable entre en jeu :c'est celui des confréries religieuses islamiques dont la vie devient très effervescente et qui cohabitent avec une minorité chrétienne. Cette dernière ;silencieuse ;honnête et très citoyenne se contente de vivre dans sa mémoire les beaux jours du président catholique :feu Léopold Sedar Senghor ; car le retour d'un président catholique reste impensable ; vue leur minorité ; l'effervescence de l'islam ; la renaissance d'une culture arabe et le recul des populations face à la culture occidentale ;quoique l'on clame tout haut le dialogue islamo chrétien. Et pourtant ;toute hypocrisie mise à part ,la minorité catholique est réputée comme honnête et citoyenne . Il est rarissime que ses membres soient cités dans les chroniques de détournement de deniers publics ou les scandales frauduleux qui défraient l'actualité nationale. Cette communauté qui regorge de cadres dont on apprécie les capacités se voit condamnée ; pour le moment ;à remplir des rôles d'arrière-plan sur la scène politique locale. N'empêche cette communauté mûrit dans son silence de minorité ;le désir de faire ses preuves devant le brouhaha de la majorité incapable et tâtonneuse .

Tant bien même ;la boulimie des dirigeants en est arrivée à courtiser toutes les chapelles; convoitant de la part des chefferies ,des dictats ou consignes de vote largement diffusée par une presse fanfaronne . Le peuple suit et la majorité très ignare reste incrédule à tout autre discours de fédération . Et la presse dans sa diversité est devenue pour ceux qui y prêtent attention ; une sorte de chasse au réverbère. L'afflux massif d'infos et d'intox est tel que on ne retient plus rien de tout .Cela finit par un débat de passion et non de raison ;dans les palabres de la cité.

La recrudescence d'un islamisme confrérique non radical a ses conséquences sur la jeunesse musulmane désœuvrée et sans repères. Et chose assez rigolote ,le radicalisme islamique en fleurons est encore classée comme une confrérie :sorte d'archivage chronologique pour ce peuple qui classe tout ce qui lui vient en nouveauté depuis qu'il a été islamisé . De même tous ceux qui portent la croix sont supposés être des catholiques .

L'islamisation du peuple sénégalais a devancé la colonisation. Et dès lors ;après les indépendances ;une bonne partie des populations rurales du centre-est baigne encore dans l'apprentissage du coran et de la langue arabe . Chaque hameau fête ses saints. Et comble de tout ;chaque saint a ses troupes. Les écoles coraniques pullulent dans les villes à travers un système très informel ;en majeure partie ; basé sur une caution d'agrément parental. Et comme des sans logis ,ces écoles continuent de squatter les bâtiments non achevés ou en trêve de chantier. Pour les propriétaires qui sont généralement musulmans ;forcés d'être à l'arrêt par la cherté du coût des matériaux; c'est salutaire. On s'imagine mal comment un bâtiment à usage familial peut abriter une centaine de gosses . Ce décor engendre un péril fécal sur les environs. On s'en plaint quotidiennement mais la charité sénégalaise doublée de superstition donne finalement raison d'être à tout ce système. Je passerai outre sur les autorisations accordées pour l'ouverture de collèges ou lycées d'enseignement général et affiliés au secteur privé de l'éducation. Là encore ,la négligence des services de l'état du Sénégal est visible ;à fortiori pour les secteurs non formels d'apprentissage. Convenir que la scolarisation est un droit ;et pas un devoir, relève d'un manque d'ambition et de courage de la part de l'Etat. En le faisant ; l'occasion est offerte à des forces occultes de s'accaparer de ceux qui ;par préjugés ; renoncent à ce droit.

Ces petits bambins trainards font désormais partie du décor urbain ;sous le regard comparse des autorités chargées de l'encadrement juvénile . Communément appelés sous le nom de « talibé » ; ils remplissent les rues ;les marchés ;et les alentours des lieux de service, à la recherche de pitance ou du petit sou .C'est une spécificité bien sénégalaise. Toutefois il y en a parmi ces écoles coraniques ; d'autres qui travaillent tant bien que mal à améliorer cette éducation religieuse à travers une meilleure vitrine. Mais comme il n'existe aucune passerelle de la religion aux métiers du système laïc ;tout effort de subvention reste vain. Ces instituts modernes d'enseignement coraniques sont appuyés en partie par des fonds de l'organisation mondiale islamique ou d'autres organismes ayant pour objectif principal l'islamisation des peuples. Il faut comprendre ici que l'islam tant vanté des peuples noirs d'Afrique n'est pas bien côté auprès des bailleurs arabes. Eux-mêmes suivent différentes branches de la religion islamique et ne tolèrent point le sentiment d'allégeance que les musulmans d'Afrique vouent à leurs maîtres spirituels noirs.

Renoncer à votre passé pour essayer celui de mes ancêtres !

Quelle ingratitude !

Ces premiers résistants ont payé de leur vie ;contre des forces coloniales disproportionnelles ;pour l'implantation de la religion musulmane sur la majeure partie du territoire de l'Afrique sub-saharienne. Ne pas leur prêter allégeance est une négation ;en partie ; de l'histoire de nos peuples.

Cela rappelle l'une des brimades les plus ostentatoires des premières écoles primaires francophones au Sénégal ;où l'on refusait toute conversation en langue locale. A celui qui ; instinctivement prononçait ne serait-ce qu'un mot de dialecte locale en s'adressant à son voisin de table ;on infligeait une punition qui révélait plus l'idiotie des enseignants que l'innocence des potaches. Elle consistait à lui faire porter un bout d'os d'âne ou de cheval noué à une corde autour du cou. Et dans la cour de récréation ;il était la risée des autres. Ce n'était qu'un abus . Et c'était plus dramatique de la part des enseignants qui le pratiquaient dès lors qu'ils étaient fils du terroir . Leur intellect devrait leur faire comprendre que toute la langue locale ne pouvait être traduite fidèlement en langue française à fortiori certaines interjections qui sont propres au milieu.

Malheureusement ils étaient convaincus de punir .Ceux qui aujourd'hui , prônent un islam radical en dehors des confréries sont comparables aux enseignants ci-haut cités. Vouloir éduquer une jeunesse en foulant au pied sa langue et sa culture ou islamiser un peuple en faisant table rase de son passé est la volonté de cette Arabie ; jadis berbère et sauvage .Aujourd'hui très disparate entre chiites ; sunnites et malikites ; l'Arabie n'est point satisfaite de cet islam confrérique de l'Afrique noire. Et habituellement ; elle impose un semblant de loi sur les minorités qui lui sont assujetties . Cette fameuse ; elle la nomme charia ou loi islamique. Mais elle ne s'applique guère sur l'arabe à la peau blanche . Parce que leur situation d'aisance les met à l'abri de tout ce qu'ils jugent comme crimes devant les minorités qui leur sont assujetties. La condamnation à mort ;la lapidation ;l'amputation de membres sont parmi les sentences les moins cruelles. Voilà le tableau terne par lequel l'Arabie musulmane veut conquérir le monde noir . On reconnaîtra qu'il n'est point attrayant. Cet aveuglement des populations noires pour des religions qui ne remontent pas à leurs origines est délicat. Les gouvernants sont tout autant victimes . On pourrait dire que la république est à genoux au chevet des chefs religieux et coutumiers. Toutefois la ferveur religieuse qui hante nos sociétés d'Afrique noire est juste un passif d'union mais loin de tout essor de création de richesse. On pourrait même l'assimiler à une nouvelle tradition. Cependant, la forte énergie de cette attraction religieuse sur la jeunesse est un regain de citoyenneté que l'Etat aurait pu exploiter ;n'eût été la multiplicité des confréries et leurs rivalités. Quoique aujourd'hui ces confréries embarquent les différentes couches de la société sénégalaise ;il est à noter que dans ce pays particulier ;les fidèles sont juste frères et sœurs en religion. En dehors de la sphère religieuse ;l'instinct grégaire de la société les désunira en classes sociales ou castes de différents ordres. Donc les assemblées ou cérémonies religieuses sont justes des occasions d'union de fidèles. N'eut été cela ;il n'y aurait guère de dissensions familiales résultant de mariages entre chrétiens et musulmans ou entre musulmans de castes supposées intouchables ;pour reprendre un paradigme indien local.

En ce qui concerne les musulmans au Sénégal ;l'intempestif déroulement des cérémonies dites religieuses est tel qu'aucun Etat ne peut supporter le coût et les subventions en énergie pour ces occasions . Et de surcroît la courtoisie contraint le politique à y prendre partie. Le carambolage sur ces routes de pèlerinage, aux multiples destinations ; engendre des accidents meurtriers. Le décompte souvent très macabre ne prend nullement en compte les rescapés de l'heure fatidique . Ils mourront à l'affût de la presse et chez eux, des séquelles de quelques traumatismes non diagnostiqués. Faute de plateaux techniques à hauteur des événements ;le personnel de secours est débordé et de faite ; déclare saints ce qui apparemment semblent saufs . Les forces de sécurité ;formées pour la quiétude des citoyens n'y peuvent rien. Ils se confondent avec les pèlerins et frayent difficilement le chemin aux guides religieux. Ce rôle leur est désormais dévolu . A juste raison ;le protocole des politiques n'est point différent de celui des religieux. Le seul communiqué de presse qu'on offre se résume en un sommaire plan de circulation avec comme consignes majeures :la limitation de vitesse et la prudence. De là ;tous les tacots exemptés de contrôle technique charrient une marrée humaine sur les lieux de pèlerinage ;hauts lieux saints et fiefs des guides . Ces derniers ; hôtes du jour ;en ces circonstances, sont d'une hospitalité rare. Leur posture rappelle la disposition plus que fraternel d'un évêque mythique qui disait :

« j'accueillerais Satan si Dieu me l'enverrait ».

Quant à l'État ,dans sa mission régalienne ; des communiqués de la police et de la gendarmerie ; annoncent des arrestations massives de délinquants qui s'activaient sur les lieux en dehors de toute sainteté. Mais en le faisant ;les services de l'ordre oublient qu'en ces jours ;le contrôle routier est pratiquement inexistant.

Il arrive même que les moins nantis voyagent sur ces longues distances, en se tenant debout ;dans des bennes de camions qui servent habituellement au transport de bagages de toutes sortes. Cette façon de voyager ;très chevaleresque est nommée par un mot wolof * ;qui signifie : bouturage. On pourrait dès lors se demander ;quel rapport y a t-il entre le transport ;le pèlerinage et l'horticulture ?

Il faut juste comprendre que le secteur du transport ;très informel ,débauche beaucoup de jeunes de la masse paysanne ;leur offrant l'illusion d'un surplus de revenus au quotidien et d'embonpoint dans la vie périurbaine. Ainsi ;il délaissent les secteurs agricole et avicole improductifs pour ce mirage de lumière ;les bras au volant et l'esprit ailé ;plein d'imageries .

Ce ticket providentiel ;à moindre coût ne garantit, bien évidemment pas, le confort ;d'autant plus que sur ces routes embouteillées ;on gagne du trajet certes ;mais point de temps. Cette parenthèse ouvre un malaise que vit le monde et particulièrement l'Afrique noire. En effet :la motorisation des déplacements avait pour but principal le gain de temps. Paradoxalement, aujourd'hui : de Dakar à Cotonou ;les routes sont des lieux de bouchons qui demeurent le calcaire des populations. Certaines ;de la classe moyenne ;se déplacent dans un mouvement pendulaire du matin au soir ;des quartiers aux centre-villes ;pour régler des papiers administratifs auprès de services où quelques fois ; une recommandation parentale ou amicale est un « sésame ouvre tout ». Pour ceux qui sont peu instruits ;ils sont eux-mêmes les principaux acteurs de la corruption et toujours prompts à soudoyer des démarcheurs ;pour obtenir ce qui leur revient de droit ;avec moins de peine.

Les seuls épargnés par ce malaise urbain en Afrique noire ,sont les gouvernants . Ils ont par-dessus leurs responsabilités et avantages; le privilège de parcourir les routes en bonne escorte de gendarmerie ;avec sirène et gyrophare ;sur un chemin dégagé et rafistolé à dessein.

Chose encore contradictoire ;l'État du Sénégal peut déployer mille hommes pour assurer le bon déroulement d'une nuit religieuse mais pas une centaine pour couvrir une marche de protestation d'un parti de l'opposition. Comme raison de refus ;le préfet déclare ne pas disposer d'un effectif capable d'encadrer la multitude de manifestations dont il reçoit des préavis. Cependant ;il faut noter que le nombre d'événements religieux est tout aussi élevé et porte le plus souvent préjudice à la marche des services de l'Etat ;parce que le peu de services existants est affecté vers les lieux de pèlerinage. Cette fièvre de dévotion n'a pas fini de gagner le pays . Dans les quartiers des centre-ville et en banlieue ;des veillées religieuses sont habituellement organisées . A l'aide de mégaphones ou de quelques haut-parleurs ;il est assez courant d'entendre quelques insomniaques psalmodier des chants ou des poèmes écrits par leurs guides ;il y a de cela bien longtemps. Il faut reconnaître l'abnégation de ces gens honorables ;qui au point critique de leur vie ;jubilent pour leur foi.

En référence aux enseignements du saint prophète de l'islam Muhammad(PSL) :la résistance contre toute forme d'oppression est d'abord physique ;puis matérielle et enfin si les moyens précédants s'avèrent incapables ;alors elle devient dès lors une expression discrète du cœur : soi-disant un mépris.

L'écriture a été ainsi l'ultime forme de lutte des guides religieux sénégalais ; sous la domination coloniale ; vue l'absence de soutien des peuples arabes ;les plus proches. Mais ce n'était nullement la critique du système de l'époque. Dans un élan de piété inouïe ;ces écrits étaient des eulogies à l'endroit du saint prophète de l'islam et de la miséricorde divine.

Cette témérité est appréciée par la jeunesse ; comme un porte-étendard d'un nationalisme .Ce qui crée de plus en plus, à leur endroit ; un désaveu des occidentaux et de leur culture au profit d'une identité de repli. Cette nouvelle forme ; imperceptible au temps des premiers intellectuels africains des années post indépendances est aujourd'hui une mode ; constatable de visu : du dernier savetier au premier officier de la ville .En effet dans la rue ;les représentations d'appartenance confrérique et religieuse ne manquent pas . Il faut juste observer les parebrises des voitures ; les étagères des commerces ;les murs de quelques bureaux de l'administration et des maisons. Des effigies de guides religieux inondent ces espaces sous un caractère qui donne un semblant d'officiel. Encore plus exotique sont les phrases qu'on peut lire sur les carrosseries des voitures de transport du secteur informel. Elles traduisent fidèlement dans un alphabet français perverti par la langue locale « wolof» les craintes ;les doutes et les rivalités enfouies dans l'âme du peuple et pour couronner cette panoplie :leur ferveur religieuse. Et parallèlement ; le secteur public du transport interurbain arbore les couleurs politiques du parti au pouvoir ;se confondant ainsi aux sceaux de la République ;comme une riposte contre la croyance folklorique des masses populaires. Dans ce méli-mélo ;il arrive quelques fois que ces effigies de chefs religieux ;tout aussi que les adages populistes qui les accompagnent ;tombent dans le ridicule. Les occasions ne manquent pas ; où on est souvent confronté à leur vanité. Comme exemple courant et piteux : les carcasses de voitures accidentées et abandonnées dans des ravins en bordure des routes affichent encore des effigies de guides religieux, censés défendre du mauvais sort. Là-bas, les carrosseries s'anéantiront naturellement par la rouille ;comme si elles suivaient la longue et désastreuse procession des victimes de nos routes. Cependant, ces images ;quoique désastreuses ,ne sont rien devant celles que l'on observe sur les côtes allant du Sénégal aux îles espagnoles de Lampedusa. Là-bas ;les embarcations précaires de migrants clandestins ;en échouant dans les eaux tumultueuses de l'atlantique ,emporteront sur ces rives étrangères et lointaines des messages d'amour et de foi que les sauveteurs ne sauront ni lire ;ni comprendre . Là ; bien étonnamment est contredit l'adage : « nul n'est prophète chez soi ».

C'est décevant de voir que malgré nos effigies de marabouts ;malgré les versets coraniques gravés en lettres sur les coques des pirogues et en or sur les cœurs des voyageurs ;quelques-uns périssent encore en mer. Ceux-là mourront dans une foi aveugle tandis que les survivants ;une fois repêchés par les garde-côtes de l'Espagne seront encore partagés entre la foi et le miracle. Cette éblouissement devant le néant des vicissitudes de la vie est un sentiment propre aux africains. Peut-être serait-il une sorte de ristourne de la pauvreté ?

Car en ces occasions de désarroi où l'homme est à une coudée du rêve accompli et à mille lieux de son lit douillet ; l'océan paraît comme un rideau de lumière qui apporte une réalité diurne ,mettant ainsi fin aux illusions.

Avec le temps ; la foi de ces pauvres jeunes gens s'effritera de jour en jour devant les échecs récurrents et surtout devant le monde dont la géopolitique s'articule autour des nouveaux paradigmes d'échanges entre producteurs et consommateurs . Ainsi lorsqu'un peuple ne produit ; ni ne peut supporter le coût d'une marchandise ;sa force sera réduite en une monnaie d'échange. Malheureusement pour nous qui avions délaissé le secteur tertiaire ;cet exode massif nous enfonce encore plus dans la dépendance.

Le continent se plaint de cet exode massif ;et pourtant combien sont-ils ceux qui migrent dans le secteur du commerce tout en conservant leur poste dans l'administration. Ce phénomène ;incontrôlé est devenu plus que ordinaire. Les agents de tout service ;exerçant des professions différenciées par un statut assez rigide dans les textes ;passent leur temps à effectuer des ventes en ligne d'articles variés allant du caleçon à la plus grande marque de parfum . L'État n'étant pas assez outillé pour réglementer toutes ces activités frauduleuses ;cela porte préjudice à sa fiscalité. Le petit vendeur non outillé, encore inscrit dans l'économie solidaire ; peine à prendre le pli des nouvelles technologies ; et finira par une mévente ;quoique étant un contribuable aux recettes de sa municipalité.

D'ailleurs de plus en plus ;le monde religieux musulman ;par sa chefferie, brille dans l'exhibition insultante de richesse. A travers le monde ;les richissimes mecquois en ouvrent le bal et cette danse diabolique est reprise ; en singerie , par les guides religieux du pauvre continent. Et cela soulève le doute chez nous ; pour une religion qui nous a été parachevée par des gens en haillons et de haute moralité.

Vue la composition polycéphale de la communauté musulmane dans nos pays ; contrairement aux catholiques ;les activités communautaires et lucratives sont pratiquement inexistantes. Si tel était le cas ;nul n'aurait pu concurrencer la communauté musulmane sénégalaise ;avec sa main-d'œuvre gratuite. En cela l'évangélisation est louable parce qu'elle a su atteler à l'évêché une administration qui s'autofinance. Cela leur a valu des adhésions massives par apostasie; dans des contrées reculées où l'État est absent et où les musulmans n'ont pas pu changer le quotidien de leurs frères . Sur ce pas l'islamisation a perdu du cran sur le tissu économique et entrepreneurial. Il a fallu attendre encore bien des années pour voir s'implanter des consortiums ou des banques islamiques. Ces dernières institutions n'étant point différentes ;ciblent les salariés de différents secteurs. Donc elles ont même vocation que les premières . Bien avant cette période ;c'était rare de voir l'Arabie et ses organisations investir lourdement dans nos pays. Leurs actions phares se résumaient à la construction de puits ;mosquées et simples attenants ou à des dons qui sont des semblants d'offrandes à des gens miséreuses : dattes et carcasses congelées de brebis. On reconnaîtra avec sincérité que cela ne nous aura pas fait avancer d'un iota ;contrairement aux plans de développement des institutions financières de l'Occident. Ce qu'il faut dénoncer d'une part dans ce cadre ; c'est le défaut de suivi des projets une fois qu'ils sont à la charge exclusive des africains ;d'autre part cette volonté tacite de vouloir échanger les mœurs en marchandises.

Nous ne nous attarderons pas sur l'impunité suite aux détournements de deniers et en conséquence d'objectifs. Donc ;le mal est en nous.

Vouloir crier tout haut tel un refrain « France dégage » ne nous mettra pas à l'abri du besoin . La France ;veille à son intérêt par ses représentations diplomatiques ;il incombe à nos gouvernants d'avoir la même posture parce que le partenariat se joue autour d'un système d'équilibre. Nous ne pouvons pas renier tout d'un coup ce long parrainage francophile qui nous a valu jusqu'alors tant de visibilité.

Repartir de zéro est le choix de ceux qui croient avoir tout raté. Les africains noirs se sont juste trompés de voie ;en un moment historique. Le développement n'est qu'une satisfaction de soi ;qu'il soit individuel ou collectif. Le peuple africain noir apprécie la croissance dans la satiété et la paix. Dès lors ;le mécontentement populaire qui s'affiche n'est que la prise de conscience des peuples face à la déroute conséquente des choix politiques de leurs dirigeants. Les réformes politiques ;depuis les indépendances ; ont favorisé la paupérisation progressive des masses populaires. En premier plan ;les agents de l'état ;qui autrefois étaient les soutiens financiers de leurs familles furent les premiers impactés. L'hospitalité et l'entraide :symboles de fraternité et d'appartenance clanique ,sont devenus des vœux pieux . Les cache-misères ont volé en éclat ;dénudant du coup les ménages et exhibant les affres de la pauvreté.

Un proverbe courant de la langue bambara du Mali dit : « Il y a toujours eu des dépotoirs d'ordures ;comme lieu de rangement des choses inutilisées de la vie ;mais il n'y a jamais eu de lieux réservés aux hommes inutiles ».

En Afrique noire ;ne pas pouvoir aider ses parents est une honte parce qu'on grandit avec cette psychologie. Le concept du self made man est inconnu du continent. On essaie difficilement de l'importer pour miroiter une richesse et une gloire aveugles au devenir de l'Homme ;ceci est la raison principale de l'individualisme galopant ;surtout en milieu urbain.

Ne pas être témoin permet de s'en dérober. Mais ;au-delà il faut comprendre qu'il n'appartient nullement aux étrangers de nous fixer des modèles de développement. Nous avions notre propre modèle dans lequel l'homme n'est pas une charge financière ;que l'on quantifie . Et cela, apparemment ; le troisième âge européen le sait bien ;les plus avisés sont désormais des citoyens africains qui profitent de l'hospitalité aveugle de nos états pour ébranler le secteur touristique ;par une concurrence frauduleuse via leurs résidences qui ne sont rien d'autre que des hôtels sans enseignes. La faute revient à l'État du Sénégal ;dans le cadre d'un programme de tourisme intégré a ébranlé ce secteur porteur de devises pour plaire à la France et au monde. Il en est de même de Dakar à Abidjan ;les plus belles localités du grand Bassam sont achetées à prix d'or par des européens ;en quête de vieillesse durable .

Quelle honte pour les africains de ne pas pouvoir vieillir décemment dans leurs pays ;après y avoir laborieusement sué. Désavantagée par nos propres choix politiques ;la marée humaine que les sauveteurs pêchent en mer est une jeunesse en manque d'espoir et qui comme des sans terres a fait le choix de nourrir l'espoir sur l'autre rive de la méditerranée. Ils n'ont pas tort . Si la citoyenneté n'offre aucun avantage ;pour quelles raisons devront-ils se sédentariser ?

Bien après la traite des esclaves pratiquée par les blancs sur le continent noir ;il y a eu la traite des arabes sur le même peuple. Et la mémoire du peuple noir ; tel un tableau de classe , a subi les coups de raclettes de plusieurs instructeurs . Mais à vrai dire :que sont-ils devenus ? Des grands intellectuels francophones aux arabophones ; que sont devenus les simples citoyens africains ?

Ceux que les cyclones des envahisseurs ont épargnés. Ballottés entre les premiers diplômés des universités de l'hexagone que l'on regardait en hommes intelligents et ceux qui parlaient et versifiaient l'arabe dont on admirait la sainteté ;les peuples noirs d'Afrique sont dans la tourmente . Beaucoup parlent avec plus d'aisance la langue du colon ou de l'évangéliste et conséquemment prennent le pli de l'homme moderne :libre , connecté et mondain.

Et cela a un prix !

La première caution sociale de ce modèle de l'Homme connecté est la distanciation sociale. Pour des gens qui se visitaient et se parlaient en s'embrassant ,l'inattention est devenue banale . Cela a été d'ailleurs la grande souffrance des africains durant la période de la covid 19,et conséquemment la chute vertigineuse de l'économie solidaire basée sur l'emprunt ;l'achat au crédit et le ravitaillement journalier chez la plupart des populations. En un mot ;le continent succomberait dans tout modèle économique qui exclut le contact humain. En tout cas ;il en paie déjà les frais pour le peu de transactions à petite échelle ;et qui échappe au fisc.

Le temps des mares à boue

Rien n'avance plus comme sur des roulettes et pourtant bien après les indépendances ; le bouillonnement des champs politiques et religieux devrait avoir comme conséquence la renaissance intellectuelle d'une identité conjuguée et solidaire pour les peuples africains noirs qui ont été victimes de plusieurs invasions. Cependant la mésentente entre peuple et dirigeants semble ralentir cette marche.

Les chefs coutumiers et religieux de ces temps-ci; nés de parents jadis pauvres et vertueux ;vivent aujourd'hui dans une somptuosité qui crève l'œil du pauvre fidèle et semble se moquer de sa dîme. Et il n'est pas rare que l'on attribue la réussite matérielle d'un disciple aux pouvoirs mystiques de son guide. Cette illusion laisse entrevoir la richesse matérielle comme un avantage de tribu dans le cadre coutumier ou plutôt comme une récompense à la longue marche sur le chemin de la foi . En fin de compte ;cette hallucination de ces jeunes gens ;qui s'occupent à vivre leur adhésion religieuse dans un folklore quotidien ;n'est qu'une attente pressante de lendemains meilleurs.

Il serait important de citer la responsabilité première de nos gouvernants . Un immense don de soi serait attendu des hommes politiques d'aujourd'hui dans leurs rapports avec les populations dont ils ont en charge les destinées. Ils doivent exiger des chefs religieux et coutumiers plus d'intégration dans la vie économique et non pas cette attitude de rentiers qui leur fait profiter de tout ;gratuitement.

La richesse et l'opulence sont des marques déposées. Quant à la générosité ;elle vilipende la pauvreté qu'elle soulage . Dans ce sens ;beaucoup de plateaux télévisés organisent des téléthons ;pour couvrir des frais médicaux de gens indigentes et qui ne se gênent guère de l'exhibition des affres corporelles de leur douleur. Par là, dans un pays où tous les services de l'Etat semblent inexistants malgré la kyrielle de ministères ,les nouveaux parvenus à la bourgeoisie sont sacrés bons et meilleurs que tous ;via leur élan d'empathie.

Bien au-delà : si nous ouvrions brièvement le registre de la santé mentale de nos peuples ;nous serons attristés par la renaissance d'un charlatanisme relayé par la presse. Tous les canaux médiatiques vivent de leurs bandes publicitaires qui défilent en longueur de journée ;ceci depuis que la médecine occidentale a montré ses limites à l'occasion de la pandémie du covid 19. Je ne nie pas la médecine traditionnelle ;cependant il serait mieux de la mettre à jour et en phase avec les nouvelles technologies d'une industrie pharmaceutique locale. IL en va de notre propre sécurité sanitaire et de la rigueur qui accompagne la politique de santé publique. Cela aurait protégé notre écosystème ;plutôt que d'assister au braconnage de la faune et de la flore déjà appauvries par la dégradation climatique.

Et pour le comble ;les émissions télévisées dont la thématique s'ouvre sur l'interprétation des rêves font plus d'audience sur le peuple. L'intérêt que cette masse muette accorde à ce mode de pensée justifie sa superstition.

Du paganisme à la superstition ;le chemin n'est pas si long. En résumé ;toutes ces religions, en nous apportant de nouvelles mœurs ; bousculent en même temps notre art de vivre. Elles seront d'autant plus acceptables tant que leurs discours seront inclusives . En cela ;le radicalisme islamique et les jésuites n'ont aucune chance de prospérer. La raison principale est qu'ils véhiculent des thèses qui ne sont pas en mouvement au moment où les peuples ;eux :sont en mutation.

Quand un homme politique déclare que les chefs religieux sont des citoyens ordinaires ;il est l'objet de la médisance populaire. Et paradoxalement ;aujourd'hui ces chefs religieux sont victimes d'invectives de la part du même peuple qui les accuse de se liguer avec les politiques.

Je plains le triste sort des gouvernants d'Afrique noire ;qui ont la charge de guider ces populations aux mœurs très composites ;en ces temps modernes . Les désaccords entre les peuples ; les politiques et les chefferies religieuses ou coutumières sont flagrants. Du côté des politiques ;c'est un incivisme notoire des personnes et de surcroît un discrédit sur les institutions. Pour le peuple ;c'est une duperie bien politicienne de se servir au lieu de servir l'État. Et pour les religieux et coutumiers qui sont à la fois citoyens et politiques ;ils semble danser sous un costume de bal masqué .

Un célèbre chanteur de reggae disait dans un de ses tubes mythiques :maintenant que nous avons l'amour ;qu'allons nous en faire ?

Son questionnement ;très perplexe tourne en dérision l'idée du divorce qui parait comme un amour faux et irréel ;voire une infécondité.

Il me vient en esprit d'aborder ce paradigme en le contextualisant sur les peuples noirs affranchis :maintenant que nous avons l'État ;qu'allons nous faire du Droit ?

Trahir le Droit ne concorde pas avec l'érection d'un État. Je comprends naturellement que tout ne pourra jamais être parfait car même les lois démocratiques de l'occident heurtent quelques fois à notre sensibilité éducative. Cependant ;ce conflit n'outrepasse point le diabolique qui sied entre nous et dort en chacun de nous . Face aux idéaux d'égalité nos valeurs fondamentales souffrent d'iniquité ;malgré nos adhésions religieuses. Je ne vise pas un référendum populaire . Il serait quasi-impossible à tenir face à l'éventail des disparités ethniques et confessionnelles . Chaque ethnie est arborée des esclaves roturiers aux nobles. Et pour les différentes obédiences religieuses ;la gangrène de confréries a même atteint la communauté catholique . On assiste à une floraison des églises des assemblées de Dieu ;ironiquement appelées églises africaines ;bâties sur les cendres de la vieille industrie cinématographique. Ces nouvelles maisons de Dieu font assez bon ménage avec le folklore africain noir .

Leurs prières sont encensées de sonorités de tambours ;de chants très exaltants qui ressemblent fort bien aux veillées africaines. Pour ceux chez qui la discipline des jésuites est un zèle ; ils trouveront dans ces autels plus de chaleur et de communion culturelle. D'ailleurs : du Sénégal au Bénin ;l'exorcisme est une activité qui leur est propre. Pauvreté aidant ;cette activité se joue en concurrence de la médecine moderne et du charlatanisme aux coûts élevés ,sans oublier la forte superstition des peuples noirs ;pour qui la mauvaise santé est de prime abord un mauvais sort.

Avec de bonnes projections et perspectives, l'Etat aurait pu anticiper sur le patrimoine des anciennes salles de projection cinématographique ;pour l'érection de centres d'apprentissage de métiers ou des centres commerciaux. Ce second choix aurait mieux servi ;par anticipation, face à la démographie galopante et non maîtrisée causée par l'exode rurale. En effet : la plupart des jeunes gens qui inondent les trottoirs et les artères de nos villes nous viennent sans métiers des campagnes. Les autres sont des diplômés d'un système d'enseignement qui ne s'adapte guère au besoin du pays . Et de ce fait ;ils s'engagent comme rabatteurs et vendeurs à la sauvette . Les populations environnantes de ces commerces de trottoirs ; s'accrochent au rêve de vie urbaine qui leur a été vendu ;jadis par un promoteur immobilier . C'est ainsi qu'elles expriment très souvent leur ras le bol, à l'occasion des fêtes. Il faudra cependant noter que cette occupation des trottoirs par des commerces de tout ordre ; semble devenir la source incontournable des recettes municipales ;depuis qu'un décret politique a scindé toutes les bourgades en communes d'arrondissement. Nous constatons aujourd'hui que ce découpage est juste une stratégie plus politique que économique même s'il s'accompagne d'un programme appelé bizarrement acte 3 de la décentralisation : réforme incomprise des populations et des services de l'état qui s'y chevauchent au pas de course devant les contestations citoyennes. Voilà encore une des conséquences de l'avidité de nos dirigeants ;qui tiennent à pérenniser des avantages qu'ils savent éphémères.

Cette critique sur la gestion de l'espace ne vise pas exclusivement les églises des assemblées de Dieu . Elle reste valable pour l'occupation anarchique de l'espace urbain par des édifices de culte ;qui la plupart du temps sont peu fréquentées quotidiennement . Il est devenu urgent pour les services étatiques de comprendre que le Sénégal est un état laïc. Autoriser par plaisance des constructions d'édifices de culte ;dans les cités africaines ; semble être la nouvelle tendance.

De ce pas la grande basilique de Yamoussoukro ;en Côte d'Ivoire entre timidement dans cette fausse image des cités d'Afrique. D'ailleurs cette édifice se meurt devant les besoins matériels des fidèles. Il faudra accepter que cela ne retrace guère la mémoire historique de la Côte d'Ivoire. Ce fut juste un militantisme religieux ,d'autant que ces religions sont celles des colons ;qui successivement nous ont dominés. Cela ne fait qu'accroître l'illusion des peuples à croire au miracle divin.

Nous constatons d'emblée l'incohérence dans la vie des peuples africains noirs . Cette indécision sur la limite acceptée des rapports entre religieux ;coutumiers et gouvernants est un défaut de maturité des peuples ;qui se contentent d'une résolution temporelle des crises . On pourrait l'associer à une impréparation du peuple à assumer les exigences citoyennes de la démocratie qui pourrait entraîner la perte des avantages du droit coutumier ou des gratuités issues de l'allégeance parentale chez les religieux . Il devient dès lors urgent d'opérer un choix. Sans cela ;les frustrations quotidiennes ne pourront à la longue être tempérées par les pouvoirs politiques et religieux. Ces derniers ont joué largement leur rôle d'équilibrage et le peu de cohésion sociale jusqu'alors obtenue dans beaucoup de situations de crise; est à leur compte.

Cependant la force du législateur dépendra de sa capacité à solidifier les liens entre les individus autour d'un idéal de respect mutuel . Et vue la tendance folklorique des adhésions religieuses qui foisonnent ; sans possibilité de retour en arrière ;le seul symbole fédérateur demeure la citoyenneté. Elle ne pourra aller sans emporter quelques brindilles de l'identité culturelle des peuples noirs. En cela ;la question de l'acceptation de la transitude devient une urgence constitutionnelle sur laquelle les gouvernants doivent statuer.

C'est ce quotient de fidélité sur lequel se fonde le droit. Je m'en vais ;pour étayer mes propos retranscrire un moment historique de la vie du saint prophète Muhammad (Psl) .En allusion ; j'arbore ce récit :

Une histoire assez répandue dans le monde musulman raconte que Muhammad : le saint prophète de l'islam (psl) ;voulant peser la loyauté de ses proches compagnons, les invita un jour à dîner. C'est ainsi que nuitamment ;dans une obscurité sans lueur ;ils partagèrent avec le prophète un plat de couscous pauvrement agrémenté d'un seul morceau de viande, en son centre . Ils dinèrent en toute gaieté comme ils l'auraient fait pour un festin. Et curieusement ;aucun de ceux qui étaient présents ne se crut digne de manger l'unique morceau de viande. Ce qui aurait pu advenir car l'obscurité aiderait . Quand le plat fut débarrassé ,le morceau demeurait encore intact :car chacun le réservait à son prochain ;disait-on !

Le Saint prophète en fut plus que rassuré mais point étonné. En effet ,ils lui étaient tous fidèles et il le savait. Cependant : arriver à exprimer cette communion de foi dans une transversalité de fraternité si éprouvante était l'idéal des attentes du prophète. Étant lui-même imbu de sciences sur sa destinée propre qui écartait toute possibilité de succession ;le prophète (psl) avait atteint le summum des attentes qu'un simple messager pouvait espérer de ceux qui devraient relayer ses faits et gestes à la postérité. Ce geste de retenue est vu par les croyants musulmans comme l'élixir de la foi islamique . Les compagnons du prophète en étaient les derniers témoins vivants. Aujourd'hui, bien après leur disparition ; on cherche encore cet écrin de fidélité qui est symbole d'abstinence

, de fraternité et d'annihilation . Paraît-il que c'est une sensation propre aux gens dévoilées par la foi. Elles le décrivent par :

Le bon vin qui n'enivre pas !

En parallèle ;en Afrique :un choix devra être opéré. Il faudrait dorénavant savoir que le développement de nos pays ne peut être conçu dans le rêve ou les prières inlassables. Comment voudrait on bâtir la citoyenneté lorsque les dirigeants préfèrent s'expatrier quand ils sont à la retraite ou expatrier leurs siens dès qu'ils prennent fonction?

La furie des jeunes gens à quitter le continent africain pourrait, dès lors ;trouver une explication rationnelle .

C'est la question du patriotisme. Les grands états le recherchent ; c'est un gage de survie et de domination. C'est ainsi que dans un élan de gigantisme matériel et durable, les bâtisseurs des premiers grands empires dominants ont posé les jalons dans la construction d'édifices . Il avaient besoin de semer ce sentiment de puissance dans l'âme jeune des peuples. Dès lors ; en Europe, aux Amériques ,en Asie ;en Égypte et un peu partout dans le monde ; les édifices par leur splendeur sont des représentations tangibles d'un passé victorieux ; ou d'une liberté parfois arraché au prix du sang ; des mains de l'envahisseur. C'est une fierté incontournable :sorte de préau pour l'initiation à la citoyenneté. La jeunesse de ces pays ;en visitant ces lieux de passé glorieux , ressentira une fierté justifiée devant cet héritage palpable.

Pour le cas très sociologique des africains noirs, le rejet des peuples arabes de l'Égypte contemporaine d'appartenir à une descendance négroïde ; constitue leur isolement historique. Les noirs africains ;dans leur mentalité ;ne peuvent en l'occurrence s'adosser à ce socle historique de gigantisme qui somnole dans la vallée des rois. Et d'ailleurs ;à quoi sert-il de revendiquer un héritage ;si la science elle-même ne peut être qu'apprise et assimilée mais point héritée.

Toutefois, il leur revient de revendiquer cette héritage ;en acteurs ;d'autant qu'ils en ont perdu les droits ;au lieu de vouloir jouer sur une improvisation culturelle ;en déphasage avec leur vécu psychosociologique de défaitisme. Car la culture ;dans son sens premier, invite la fécondité :seule magie capable de pérenniser une semence . C'est en cela que les aliénations culturelles sont infécondes. Cette dernière hypothèse de survie est la seule valable contre la transitude des genres qui secoue le monde . L'humanité ; depuis deux milles ans ;vogue dans les océans de la vie terrestre A défaut de ne pouvoir laisser en héritage une planète neutre ;laissons y des hommes purs de tout humanisme et garants de pouvoir transmettre le legs si savoureux qui est la Vie et ses espérances pétillantes.

La paix païenne et le monde

Les courants religieux qui prospèrent dans ce monde durant ce millénaire sont des produits de pensées humaines sagement muries . Pour survivre ;ils auront besoin de propagande car leur but principal est la massification. Tandis que l'animisme et les formes religieuses traditionnelles sont locaux. Il est quasi-impossible de les exporter ;leur fonctionnement est restreint à un environnement basique ; local et saisonnier. Comme toute religion primitive l'animisme est d'abord une forme de communion avec la nature ambiante. Ce fut la première religion des hommes, à l'aube des temps . Il a été leur rapport secret avec l'univers et de proche en proche avec la nature. Et tout particulièrement ; l'animisme n'a jamais été une religion de propagande. Raison pour laquelle, point n'est besoin de quelque autre touche de modernité pour le pérenniser. Ceci fait d'ailleurs des peuples animistes ;des gens paisibles qui sont recroquevillés sur eux-mêmes. Toutefois ils intègrent les étrangers sans mûrir le vœux de domination et d'aliénation. Tout au début des premières activités du tourisme international ;ces peuples étaient bien aimés des voyageurs et voyagistes qui les observaient avec tant de curiosité. Ils paraissaient neutres et imberbes de la corruption qui contamine l'homme moderne. Plus tard ;les militants écolo-mondialistes plaideront encore pour la survie de ces peuples ;devant la boulimie foncière ;minière et industrielle.

Cela reste valable pour la médecine traditionnelle ;elle est contextuelle ;très économe et écologique. L'euphorie du gain a entraîné un déséquilibre des rapports entre l'homme et l'environnement. Dans ce sillage, le développement industriel a bouleversé la nature et en même temps notre mode de pensée primitif. Il veut nous imposer une course folle dont le but est appelé : croissance. Mais il semblerait que nous :africains ;n'en ayons nullement besoin. Aujourd'hui, le substrat sur lequel les croyances africaines (Christianisme et islamisme) les plus adoptées sont bâties ; s'effrite de plus en plus . Les mythes qui étaient installés dans notre conscience s'ébranlent inéluctablement devant le confort de la science et de la technologie. Nous mourront inévitablement ;mais nous devrions renaître à des vérités plus tranchantes ;en rapport avec notre quotidien . Comme le dit un célèbre dicton africain :

« On ne peut pas voyager en train tout en portant ses bagages sur sa tête ».

Si nous observons de près les conflits qui divisent le monde ,nous verrons qu'ils sont liés à des tentatives effrénées d'expansion de systèmes idéologiques masquées par des relations commerciales savamment tissées. Parmi ces systèmes ;les uns sont économiques et les autres sont religieuses . N'empêche que les secondes sont plus violentes que les premières ;parce qu'elles sont aliénantes. Les systèmes d'échanges sont naturels et suivent les goûts changeants des hommes et leur aspiration au mieux-être. Tandis que les systèmes religieux sont sapeurs de consciences autochtones et favorisent le plus souvent la déstabilisation des liens sociaux. Les peuples musulmans ;juifs et chrétiens qui s'activent autour de la propagande ; sont ceux qui divisent le monde . On se cache bien de l'avouer et pourtant ;pris à part, ils sont une minorité de la population du globe. Cependant ;les peuples les moins emprunts à ces formes de croyances devraient être; à ce jour ,les plus épargnés par cette terreur. Malheureusement ;le drame des attentats qui se jouent quotidiennement n'épargne personne . En effet : de plus en plus l'hégémonie est la nouvelle posture entre des peuples de différentes obédiences. Les africains noirs doivent prendre conscience de leur démographie galopante et l'utiliser comme un atout de développement économique au lieu de la disposer comme un contrepoids dans des querelles interposées entres arabes et occidentaux. De quelques côtés que la victoire puisse balancer ;ce ne serait jamais à leur cause ;fondamentalement. Dès lors ;si nous observons de loin les mouvements djihadistes du nord Mali ;composés de barbus à la peau noire ou les populations centrafricaines noires qui se convertissent au judaïsme ;on croirait que le peuple noir d'Afrique est apatride.

En Afrique, les années 2020 font profil de sursauts patriotiques ,un peu partout . Est-ce un regain d'orgueil ? Parce que la guerre en Ukraine aura révélé le talent et le mérite d'un grand peuple vivant sur le dixième du continent africain et nourrissant la terre de son blé . Quand à nous autres africains :quelle est notre destinée ? Devrions nous encore vivre ce bonheur en pauvreté ? Cette formule de paix inféconde ,qui n'a pu aboutir à rien de plus que la dépendance ou la vassalité ?

L'exemple du peuple allemand réunifié et accepté de ses pairs devra nous servir de modèle social. C'est d'ailleurs le modèle le plus parfait de transposition de situation historique. L'agrégat politique des peuples noirs d'Afrique devra s'en inspirer.

Les djihadistes noirs se contentent de détruire ce que les occidentaux ont érigé matériellement ;et ne sont nullement capables de le rebâtir. Ils acceptent dans leur conscience ;la victoire des arabes sur les noirs. Cependant cette victoire est immatérielle. Et d'ailleurs leur attitude belliqueuse et ostentatoire est en porte-à-faux avec les dernières recommandations du saint prophète Muhammad (psl).

Pour rappel ;après la bataille sanglante de Badr ;durant laquelle les musulmans ont connu une véritable saignée; ils furent très étonnés de son allocution qui leur faisait savoir que dorénavant la grande guerre s'ouvrait derrière les petites guerres. Ainsi il leur fit comprendre que la guerre des idéologies devait remplacer celle des armes. Par conséquent ;les âmes n'auraient plus à souffrir . Défendez-vous par le discours de la raison ;leur dit-il !

Toutefois ; il semble que ce tournant de siècle pourra être décisif pour le peuple noir d'Afrique. C'est le peuple le moins hégémonique envers les autres mais fantoche envers lui-même. Il n'a pas d'autres ennemis que lui-même. Les conflits récurrents au Soudan ;au Congo en Érythrée jadis sont de parfaits scénarios de complots dont les dénouements innocentent les peuples ;même si malheureusement ils en pâtissent.

Je disais que ce siècle aura abrité plusieurs conflits ; aux causes multiples dont la plus récente fut abusivement désignée par : le printemps arabe.

Je prie qu'il ne s'achève point sans emporter ce que je désignerais sous un sens autant propre que figuré :l'automne nègre.

Mes détracteurs m'en voudront pour cette nouvelle appellation. Elle manque de couleurs, certes ! Oui parce qu'elle sera la bataille psychologique des gens de couleurs. Et à son parachèvement, le continent devra bâtir un État propre à sa mémoire. Car : comme le dit l'éminent philosophe sénégalais Mame Moussé Diagne :il est difficile de vivre dans la mémoire de l'autre. ?

Et qu'en est-il pour nous qui avions été victimes de plusieurs invasions culturelles ? Nous autres à qui l'indépendance fut offerte ? Nous qui avions consenti à regarder autrement le monde.

Notre décor au quotidien demeure encore atteint. Je ne dirais pas que nous sommes sans mémoire mais plutôt nous semblons dépossédés matériellement de nos archives. Ce qui n'est pas faux ! Je parlerai plutôt de la mémoire cognitive qui s'attache à cette matérialité. Notre dernier rempart serait sans doute notre culture de l'oralité ;aujourd'hui confrontée à la matérialité des arguments.

Bien après la traite des esclaves pratiquée par les blancs sur le continent noir ;il y a eu la traite des arabes sur le même peuple. Et la mémoire du peuple noir ; tel un tableau de classe , a subi les coups de raclettes de plusieurs instructeurs . Mais à vrai dire :que sont-ils devenus ? Des grands intellectuels francophones aux arabophones ; que sont devenus les simples citoyens africains ? Ceux que les cyclones des envahisseurs ont épargnés.

Ballottés entre les premiers diplômés des universités de l'hexagone que l'on regardait en hommes intelligents et ceux qui parlaient et versifiaient l'arabe dont on admirait la sainteté ;les peuples noirs d'Afrique sont dans la tourmente . Beaucoup parlent avec plus d'aisance la langue du colon ou de l'évangéliste et conséquemment prennent le pli de l'homme moderne :libre , connecté et mondain.

La reine des discordes est d'abord la dame JUSTICE ; dans ces pays où presque toute la législation est une reproduction en partie des lois coloniales. De l'article 1 à la grande toge que porte le premier magistrat de la cour ;les lois autant que les robes renvoient à des idées importées.

Un de mes amis congolais ; assez goguenard ;m'a raconté un jour une histoire tristement drôle. Il s'agit d'un de ses parents villageois qui avait maille

à tordre avec la justice de son pays ; pour un cas simple de vol de bétail. Là-dessus ;dès son retour du tribunal de Kinshasa ;où il a été confronté en audience à son voleur ,il fit venir mon ami ;son neveu ;pour lui poser discrètement cette question :pourquoi les hommes du tribunal (les jurés) portent ils des robes larges de dames ?

Cette appréciation très ignare peut faire rire, sans doute . Après en être tombés des nues ;nous fûmes attristés par cet écart si odieux ;entre le peuple et ses officiels ;tellement les stéréotypes de genre demeurent ineffables et qu'au bout du compte on ne peut en établir une liste exhaustive.

En parallèle ;l'Afrique noire qui a accepté tous ces courants religieux charriés par ses colons ; reboute tangiblement le concept des LGBT. Il est aisé d'en trouver des explications sociologiques . En effet :chez

les noirs du sud du Sahel ;le mariage est culturellement scellé à une étape très précoce. Dès la naissance d'un bébé de sexe féminin ;son grand-père biologique se réclame soupirant. C'est peut-être chez lui ;un désir de renouveau devant la vie et une manière assez narquoise de toiser la vieillesse ;car dit-on le cœur ne vieillit pas .Ainsi ;cela est accueilli en joie et rigolades par les parents du bébé . Il en est de même lors de la naissance d'un jeune garçon ;la grand-mère se présentera devant son berceau afin de sceller cette union virtuelle qui a l'air d'un mariage d'inclination ; ou s'en défaire par une déclaration solennelle ;quand elle jugera moche le nouveau venu. Dans tous les cas de figures, cet enfant grandira avec ce lien de couple tissé tout naturellement autour d'un amour virtuel ;mais tout de même hétérosexuel par son origine. D'ailleurs toutes les gens de notre génération ; en gardent de chaleureux souvenirs. Celui d'une vieille ;au visage maquillé par le temps et qui offrait derrière un sourire plat et serré ;un petit bonbon ou un petit billet à son bien-aimé ;lorsqu'il visitait la famille inopinément. Et cette parenthèse s'ouvre et intègre toutes les personnes de générations aux tranches d'âge concernées ;dans la vie courante . Bref c'est taquin ; c'est africain mais très différent de la pédophilie. Pour revenir à un thème actuel et mondial ;seule l'introduction précoce de l'éducation sexuelle à l'école maternelle et la déformation de son principe de nature en contre nature ;pourrait en changer les données. Il est certain que beaucoup de parents d'élèves européens n'en veulent pas. Que voudrait on que nous ;autres, en pensions ;sans l'avoir mûri ?

Le monde noir doit refuser d'être le laboratoire d'un Monde qui s'essaie en inhominalisme.

De là l'homosexualité et tout ce qui lui est semblable sont une pilule difficile à avaler par ces communautés ;même au prix de rater le train de la mondialité. Néanmoins ;certains gouvernants ;non convaincus se désolidarisent du rêve populaire pour parapher des chartes d'inclusion qu'ils savent eux-mêmes ;contraires aux us et coutumes populaires. Il faudrait cependant leur reconnaître le vœu pieux de mener leurs peuples pauvres et désemparés dans la marche du monde .Dés lors ;le continent noir ; s'il se juge de plus haute moralité que l'Occident ; doit se doter résolument de moyens propres à sa liberté et à son émancipation : des brevets d'inventions technologiques et leur usage industriel pour booster le bien-être en Afrique. Autrement ; les africains noirs ne pourront vivre sous la dépendance technologique et alimentaire ;tout en voulant battre campagne pour leurs modes de pensée et de vie. Vivre de sa mémoire est un premier pas d'autosuffisance d'un peuple .

Mais est-ce suffisant ?

Vue l'influence de la diaspora ;il est quasi-impossible ; pour une nation, de vivre en autarcie. Et après tout ;la démocratie est une revendication des temps. Nous en serons contraints .Car le plus grand paradigme que la technologie ouvre quotidiennement est l'éventail des choix de vie ;sur un temps limité et dans l'immensité d'un monde ;conquis par le confort et la jouissance .

Tout récemment ;au Sénégal ;la dépouille d'un homosexuel exhumée et incinérée par une foule de gens ;en majorité jeunes est un triste cas pratique d'un peuple non arrimé au discours fédérateur des organisations des droits de l'Homme. C'est d'autant plus grave qu'ils sont jeunes et qu'ils devraient être ouverts au monde et à leur époque .Je n'invite nullement leur caution solidaire ;cela leur revient. Car apparemment ; ce phénomène de transitude semble ressusciter et élargir dans nos frontières ; un complexe du Congo : les banyamulenges.

Bref :*Il faut de tout pour faire un monde.*

Ceux qui se réclament croyants doivent accepter que le culte est une liberté individuelle. Nous sommes très éloignés des périodes de guerres de razzia . La violence ne peut pas tenir en argument de charme .

Ce scénario ;triste et blâmable n'étonne pas celui qui connaît le degré de fanatisme des africains croyants . La religion est adoptée en famille ;elle s'inscrit de fait dans un héritage à transmettre ou à recevoir . Ainsi la croyance religieuse des négro-africains convertis s'appesantit sur une échelle de valeur très dualiste :le licite et l'illicite ;le permis et le proscrit et en perspective le paradis et l'enfer. Dans ce paradigme très étriqué ;réparti entre salut et sanction ;règne le tribunal de la conscience, toujours prompte à juger les autres.

Cette dualité serait plus inclusive si elle faisait adhérer l'homme à Dieu ou l'Homme au Monde. En ce sens que l'adhésion de l'Homme à Dieu permet l'acceptation des contradictions et par conséquent la grande marge de la liberté individuelle et des découvertes de soi .

De même l'adhésion de l'Homme au Monde renforce ses capacités d'innovations quotidiennes pour promouvoir le bien-être environnemental.

Il n'en est rien de tout cela .Cette dérive sur la dépouille de l'homosexuel décédé au Sénégal est d'autant plus virulente qu'elle représente sur le plan psychologique l'incarnation d'une double sentence : à la fois sociétale et religieuse. Ce qui ,toutefois est en porte-à-faux avec la liberté individuelle que la république ;tout autant que la croyance, garantit au citoyen. En plus ;toutes ces religions nous sont parvenues sous formes de pensée conjoncturelle. Et souvent ;la fragilité de l'esprit humain devant la résilience n'est pas en faveur d'un idéal du bien-être chez les jeunes d'aujourd'hui ;plus enclins à jouir de la vie qu'à méditer la vie elle-même.

La principale erreur des masses populaires est liée à leur ancrage social vulgaire et dénudé de tout ce qui est construit autour de l'État et du Droit. Il faudra ;cependant leur concéder une marge d'innocence si ceux qui doivent les instruire aux principes généraux de l'État ne sont point hardis à la cause et usent le plus souvent leur temps à exécuter une politique politicienne ;maintenant du coup les populations dans un assombrissement .Impérativement ; il faut éduquer les masses à la citoyenneté ;au respect de la Liberté et à son discernement. Chose difficile ;car l'Homme noir est une revendication de sa famille. De là ;la famille a le premium sur la société. On a toujours décrié la dictature en Afrique

;quoiqu'elle paraît nécessaire, quand elle ne dicte que les lois. En cela la justice doit être elle-même l'exception de la soumission et point la bagatelle de répression pure et simple de personnes innocentées d'avance par leur ignorance des lois . Ce débat autour de l'indépendance de la justice en Afrique est récurrent ;au point où ;on le croit primordial. Je m'en défendrai tout naturellement en disant que l'indépendance de la justice ;dans ces pays africains décolonisés, n'est pas pour aujourd'hui. Pour cela :il faut remonter à la genèse de la République dans l'ancienne Gaule ;vassale de la Grèce antique.

《 Salve Caesar ,morrituri te salutant 》

Libre aux africains de croire qu'ils peuvent accéder à la Res-publica sans heurts ni blessures. Ils pourront tout autant croire que le père Noël viendra enneiger le Sahel et semer la joie dans les cœurs des enfants ;vieux de soixante années de dépendance.

Rome a obtenu la République en se battant contre l'horreur de l'esprit du roi que. A bien observer ,nos États africains sont à la limite de nos préjugés de foi : des Choses-de-Dieu au lieu de Chose-publique. C'est pourquoi ;lorsque le peuple est en transe ;les hommes prennent la place de DIEU. Ce sont des moments de vacuité de l'État car tout se joue spontanément. La justice ;se fera tardivement ;pour rétablir le Droit devant un peuple partagé ;sous le choc de l'horreur et de l'irrespect de la dignité humaine. Cependant le peuple avancera d'un pas vers la lumière ;l'État de même. Et après tout ;qu'en sera-t-il pour un peuple sans lois ni droit ?

Aujourd'hui ,l'Afrique : la grande bête attelée , a perdu ses œillères. Un vent nouveau souffle. Ce n'est point celui de la liberté mais bien plus :celui de la volonté. Cette bataille qui s'ouvre est plus que singulière parce que inédite. Elle sera celle des africains contre leurs vices . Ce sera un hara-kiri. Cela n'a jamais eu lieu auparavant, par respect et ancrage au passé. Son moment est venu , car la tradition se crée ; jour après jour ; par une suite d'abandons de soi. Ce ne serait pas trop demander à ce peuple pour qui , aucune mort n'est naturelle : de mourir. Sauf qu'il ne lui incombera pas ;cette fois-ci, de trouver les causes de la mort mais plutôt de s'épancher sur les raisons. Nous ne pourrions accéder au développement sans le mûrir en perspective ;en cela la politique de jeunesse devrait être une priorité. Tous ces footballeurs ;chanteurs aux souliers et aux micros d'Or ne peuvent représenter des modèles pour cette jeunesse nègre. Le paradigme de construction de l'africain noir est autre.

D'autre part ;face à cette jeunesse en perdition appelés abusivement enfants de la rue ;à la léthargie en ce qui concerne le code de la famille et ses obligations civiles ; l'État devrait s'ériger en tant que premier parent de tout citoyen. Sous d'autres cieux ;un État fort aurait utilisé sa jeunesse pour des activités plus citoyennes ;comme : l'enrôlement obligatoire sous les casernes militaires dès la fin de l'enseignement secondaire ;le service civique obligatoire après l'université qui pourra comporter des activités de reboisement et tant d'autres de haute portée environnementale voire écologique. On évoquera le manque de moyens ;peut-être ;cependant la facture est plus sociale que économique. Nous la payons par un reniement de nous-mêmes ; de ce que nous avons perdu. Un peuple qui a abdiqué , consent à oublier sa mémoire d'être et préfère survivre pour jouir . Mais que lui restera-t-il pour sa postérité ?

Le rôle d'un État qui se veut indépendant est d'anticiper sur la perspective de sa jeunesse ,pour ne pas lui laisser l'occasion frivole de se fixer d'autres perspectives. La tâche ne sera point aisée mais les gouvernants africains en partagent la lourde responsabilité ;car :cette communauté noire est singulière par son passé .

Je pense que mes détracteurs m'en voudront pour cette nouvelle formule qui semble dictatoriale. Cependant ; il me semblerait plus bénéfique pour un état d'user de la force vive de sa jeunesse au lieu de la laisser s'épandre par la rose des vents « célestes ». En plus la liberté est un cadeau fatal ;en l'absence de clairvoyance ; parce que à la longue ;la cacophonie de ces religions importées est une ambiance susceptible de fragiliser l'identité nationale et au plus citoyenne.

D'ailleurs un fait courant au Sénégal en est une illustration. Il n'est pas rare que les citoyens ;sous la casquette anonyme de société civile ou d'organisations similaires ; réclament l'intervention de chefs religieux en vue d'obtenir le dénouement de différends politiques judiciaires ou sociaux. Cette requête est révélatrice de l'incapacité de la société civile d'obtenir un arbitrage convaincant. Ainsi lorsqu'elle se soustrait à la force des religieux pour obtenir gain de cause ;cette résolution ;à laquelle le peuple trouve agrément ; est l'écume d'un désaccord institutionnel qui ;s'il est répétitif ;fragilise le mandat accordé au législateur. Car rien ne peut advenir que la constitution ne pourrait arbitrer. On serait tenté ;quelquefois de se demander ;qui gouverne ?

Ce phénomène est d'autant plus vérifié par ce que la science politique n'est plus ce champ de lavandes cultivé par des élites en un temps où le peuple se contentait à humer le parfum. Dorénavant il est bien moins que le parcours quotidien d'un bétail ;dès lors qu'il s'y étale un ramassis de débats entres les incultes et les érudits. On notera que les débats entre intellectuels sont aujourd'hui biaisés de plus en plus par des sentiments religieux et culturels. Et du coup ,ceux qui n'avaient pas droit au chapitre parce que non instruits ;sont désormais les chroniqueurs politiques les plus admirés par le peuple .

N'ont-ils pas ce droit ?

Athènes ,en son temps les aurait muselés comme simples sujets. Mais ,nous sommes loin de cette époque et de ce paradigme ;car le suffrage universel dans lequel nous baignons ; donne obligatoirement une voix à quiconque au chapitre. La carte d'électeur est l'expression la plus discrète du citoyen. Si des voix de bigots et de charlatans sont convoitées lors des propagandes préélectorales ;

nous ne devrions guère être surpris de leur attente à la reddition de comptes . Le facteur amplificateur de ce débat inlassable ; qui tient en haleine nos cités ;vient en partie de la digitalisation des services de presses qui désormais ont la liberté de traduire des concepts en langue locale . Il va sans dire que les écarts de langue à langue trahiront tant soit peu la genèse des propos. Et cette presse est le cachet fidèle d'un peuple qui devient accroc au démantèlement des cache-misères. Nos sociétés qui jadis étaient fondées sur la discrétion sont aujourd'hui le théâtre d'un déballage d'intimité et de divulgation de choses secrètes. Et quel intérêt pour un peuple qui meurt de faim et de soif de lever le rideau sur la vie secrète de ses princes ?

C'est regrettable que les populations africaines soient changées en paparazzis pour la défense des ambitions politiciennes de gens qui se battent pour ;disent-ils :bâtir un État de Droit.

Vouloir saper la mémoire de tout un peuple en échange de cultes ou de déviances morales semble être pire que le capitalisme qui l'a déjà ruiné. Au-delà ;il n'est point blâmable de fêter ses saints.

Lexique

Alpular : ethnie du nord du Sénégal qui parle la langue peul ou sa variante

Agname : village de alpular ; du nord du Sénégal

Banyamulenges : congolais tutsi ou (et) rwandais

Sénégal ,Kaolack : ce 14 novembre 2023.

Table des matières

Printed by Books on Demand GmbH, Norderstedt / Germany